AF384699

LETTRE

ÉCRITE PAR UN FRANÇOIS ÉMIGRANT AU SCIOTO.

LETTRE

Écrite par un François émigrant sur les terres de la compagnie du Scioto, à son ami à Paris.

A Newyork, le 23 mai 1790.

AVANT de partir d'ici, mon cher R....., pour suivre ma destinée, je te dois le détail que j'ai promis, à Paris, en te faisant mes adieux. J'ai juré de t'écrire la vérité; puisse-t-elle te parvenir à temps, & veuille le ciel que ton impatience d'émigrer sur le Scioto t'ait permis de différer de t'embarquer avec ta femme & tes enfans!

Je t'ai mandé du Havre - de - Grace que je devois y être mis à bord du brigantin anglois, le Recovery, capitaine Gerdon, frété & expédié par messieurs Batheler & Fourbuisson. Nous nous y sommes trouvés rassemblés au nombre de 86 passagers, y compris femmes & enfans, & le 10 février nous avons fait voile. A peine avions-nous quitté la manche, qu'on reconnut que nous courrions grand risque de mourir de faim, si la traversée étoit longue. Il n'y avoit de provisions faites que pour 50 paſſagers , & le capitaine dit, pour excuſe, qu'il n'en attendoit pas davantage. Il fallut nous mettre à la ration de biſcuit & même d'eau, & le biſcuit étoit moiſi. Ce n'eſt pas tout; notre bâtiment ne tarda pas à faire eau, & finit par en recevoir 42 pouces par heure. Nous ne nous tenions à flot qu'en pompant nuit & jour. Juge de nos inquiétudes ! Des femmes en pleurs, pluſieurs d'elles enceintes , & déſeſperant d'arriver ! Un bâtiment de Londres., allant à Newyork, appellé l'Elizabeth, capitaine Fordyce, nous rencontra, heureuſement pour nous, & nous tint compagnie. Vers le 20 avril , excédés de fatigues, n'ayant plus la force de pomper, nous avons obligé le capitaine Gordon à paſſer avec nous tous à bord de l'Elizabeth, & une grande partie de nos effets a été engloutie avec le bâtiment abandonné. J'ai perdu pour ma part.......... Enfin, nous ſommes arrivés à Newyork le 2 mai. Croiras-tu qu'on nous a refuſé la douceur d'aller tout de ſuite nous rafraîchir à terre ? On nous a tenus à bord, en face de la ville , comme des priſonniers d'état ; on n'a permis à aucun de nos compatriotes de venir nous voir ; on n'a laiſſé monter que quelques actionnaires de la compagnie du Scioto ; &, pour nous écarter d'autant mieux, ſans doute, de toute voie d'information, on a tranſporté par eau, le cinquième jour, mes compagnons de voyage, avec les bagages ſauvés, dans le petit village d'Amboy, ſur la côte du New-Jerſey. Tout ce préliminaire, mon cher R..., ne devoit point m'inſpirer de confiance. J'ai inſiſté fortement ſur ma liberté; j'ai repréſenté que ma femme étoit prête d'acoucher, & il m'a été permis de venir paſſer quelques ſemaines à Newyork avec elle, mon père, ma fille, mon neveu & ſa femme. Mais nos ouvriers ont ſuivi la deſtination générale.

Je n'ai pas perdu de temps, comme tu le penſes bien. J'ai vîte acheté des cartes, des gazettes, & une géographie américaine. Une connoiſſance m'a mené à l'autre. J'ai vu des habitans reſpectables de cette ville; pluſieurs même qui ſont intéreſſés dans les différentes ſpéculations en terres ſur la grande rivière de l'Ohio, mais qui ont l'humanité de réprouver tous les moyens illicites de ſe procurer des habitans. J'ai, en un mot, les yeux ouverts, mon cher R..., &, fidèle à ma parole, je vais ouvrir les tiens.

Le proſpectus, publié à Paris par quelques membres de la compagnie du Scioto, a été inſidieuſement calculé pour éblouir un peuple étranger, qui ne pouvoit démêler l'artifice, & ces meſſieurs ont eu ſoin qu'il n'en circulât pas de copie dans les Etats-unis, où l'impoſture auroit paru trop groſſière. Tu ne peux te faire d'idée de l'avidité avec laquelle on s'eſt arraché mon exemplaire à Newyork, & de l'indignation que témoignent tous les honnêtes gens qui le lifent. J'étois honteux qu'on trouvât dans mes mains un écrit de charlatan, qu'il étoit évident que j'avois eu la bêtife de croire; beaucoup d'Américains ne l'étoient pas moins, qu'il fe trouvât parmi eux des perfonnages capables de poufler la déception aufli loin. Jamais profpectus n'a mieux confirmé le vieux proverbe : *a beau mentir qui vient de loin.* Pour t'en convaincre, je t'apprendrai d'abord qu'on appelle *territoire occidental des Etats-unis*, ce vafte pays, habité par des fauvages, qui eft au nord de l'Ohio, & s'étend à 1500 milles par de-là, jufqu'au lac des bois, & aux fources du Miflif-fipy. L'Ohio en eft la bafe, dans un long cours d'environ 1147 milles, depuis la frontière, encore déferte, de la Penfylvanie jufqu'à fon embou-chure dans le Miflifipy, où il fe jette. On a calculé que cette immenfe contrée, prefque trois fois aufli grande que la France, contient 263,040,000 arpens anglois, dont il faut déduire 43,040,000 arpens pour les eaux; c'eft donc 220 millions d'arpens à peupler. Le congrès en eft proprié-taire, non quant au fol, qui appartient aux fau-vages, mais quant à la fouveraineté, que l'Angle-terre lui a cédée au même titre qu'elle l'avoit, bon ou mauvais. Il a voulu effayer de racheter, par la vente de ces terres, les effets publics qui conftituent la dette domeftique des Etats-unis; il n'a pu réuffir. Les fauvages, qui trouvent un peu

(5)

fort qu’on veuille payer à leurs dépens les frais
de la guerre, ont empêché, à main armée, qu’il
ne fût arpenté plus de sept rangs de municipalités immédiatement sur la frontière Penfylva-
nienne, & le Congrès a dû se contenter jusqu’ici
de vendre, à trois compagnies différentes, quelques
terreins le long de l’Ohio. Une d’elles, connue
sous le nom de *compagnie de l’Ohio*, a ses terres
sur la rivière Muskingum, à cent quatre-vingt
milles du fort Pitt, sur la frontière de Penfylvanie. La seconde compagnie, qui est *celle du Scioto*,
a sa conceffion sur la rivière de ce nom, à 220
milles du Muskingum. La troisième compagnie a
ses terres sur la rivière *Miami*, dont elle tire son
nom, à cent soixante milles du Scioto. Le prix
d’achat de ces compagnies a été, en apparence, de
soixante-dix sols tournois par arpent, payables
en papier du Congrès. Mais le fin mot, dont elles
ne se vantent pas en Europe, c’est que ce papier,
ne valant alors que dix pour cent, elles n’avoient
réellement à payer que sept sols par arpent.
Aujourd’hui on peut en avoir tant de millions
d’arpens qu’on veut au même prix effectif, peut-
être même que bientôt on en payera moins; car
le Congrès est occupé à fonder sa dette, & offre
à ses créanciers des terres sur l’Ohio pour un tiers
de leurs créances au prix de vingt sols l’arpent.
Il se trouvera inceffamment pour plus de cinquante
millions tournois de promeffes du tréfor pour des

terres dans le territoire occidental. Qu'en feront
les créanciers ? Trop heureux d'avoir sauvé deux
tiers de leurs créances, ils vendront à vil prix
le tiers qui leur fera donné en promeſſes de terres,
& des compagnies ramaſſeront ces effets pour faire
des achats dans le territoire occidental. Voilà
cependant, mon cher R...., ce dont meſſieurs
du Scioto n'ont pas eu honte de nous faire payer
6 livres à Paris, en nous faiſant valoir le bon
marché, & le tout pour nous mettre à même de
faire de grandes fortunes. Ne te paroît-il pas démontré que je ne peux manquer de revendre bientôt mes deux cents arpens, qui me coûtent *cinquante louis*, & n'en valent, en conſcience, que
cinq au plus, à quelque amateur qui m'en don-
nera *mille* ſur la foi du véridique proſpectus. Et
que diras-tu, quand tu ſauras que, pour ſix, ſept à
huit livres tout au plus, on peut avoir des terres
ſans aller ſi loin, dans les beaux climats de la
Penſylvanie, du New - Jerſey & de Newyork, à
peu de diſtance des villes & des marchés, au centre même de la population, de la civiliſation &
des ſecours de tout genre ?

Le proſpectus de la compagnie du Scioto a cru
pouvoir impunément avancer *à Paris* que le terrein qu'on nous propoſe *eſt entouré de pays habités
& défrichés, que ce n'eſt pas une terre ISOLÉE qu'on
puiſſe regarder comme un déſert.* Eſt-il poſſible d'in-
ſulter plus cruellement l'ignorance excuſable de

mes bons concitoyens fur des chofes fi éloignées
de leurs yeux ? Le perfiflage ne feroit pas plus
fort, fi ces meffieurs nous avoient invités à venir
camper fur la plaine des fablons pour profiter du
voifinage du palais royal. Voyons, en effet, ces
fameux pays *habités* & *défrichés*, qui entourent les
terres qu'on nous a vendues, & empêchent qu'elles ne foient *ifolées* & *défertes*. A l'oueft du Scioto
on ne trouve qu'à la diftance de cent foixante
miles, & au confluent du Miami & de l'Ohio, un
établiffement commencé ; à l'eft du Scioto, on
ne trouve qu'à deux cents vingt miles & au confluent du Muskingum & de l'Ohio, un autre établiffement ; ces deux colonies naiffantes fe bor-
nent encore à occuper un point fortifié à l'embouchure des deux rivières refpectives. Dans l'inter-
valle de trois cents quatre-vingt miles qui les
fépare, & immédiatement derrière chaque point,
font de vaftes forêts, qui s'étendent jufqu'aux
grands lacs, remplis de fauvages implacables, har-
celant fans ceffe les Américains, & détruifant
fans pitié tous les partis qu'ils interceptent. Le
charmant voifinage ! On ne peut pas être moins
ifolés, il faut en convenir.

Le profpectus nous dit que le centre des Etats-
Unis eft fur le Scioto, & que dans peu d'années
le gouvernement général de l'union y fera fixé.
Gens de Paris, gens de Paris ! ces meffieurs favent
bien ce qui vous plaît ; ils ont été témoins de votre

empreſſement à avoir la cour dans votre bonne ville ! Eh bien, ils vous en promettent une au Scioto ! --- Plaiſanterie à part, quel inſigne abus des mots ! autant vaudroit dire que le centre de l'empire Ruſſe étant juſte au milieu de la Sibérie, l'impératrice y transférera ſon trône dans peu d'années. Ce ſont de ces aſſertions hardies dont l'impoſture frappe les gens inſtruits, mais qu'on ne ſait comment combattre, parce qu'après tout la poſſibilité phyſique eſt en faveur du menteur.

Les auteurs du proſpectus y ont joint une trés-belle carte, pour qu'en cas de doute la carte affirmât que le proſpectus diſoit vrai, comme celui-ci ſe fait garant de la carte. C'eſt ainſi que deux valets de comédie ſe renvoyent l'un à l'autre un bon vieux père qu'il eſt queſtion d'enjoler. Nous avons conclu, ſur ces honnêtes témoignages, que tout le terrein du Scioto avoit été arpenté. Nous avons vu, dans la joie de notre cœur, l'emplacement des villes, des villages, des univerſités. --- Hélas ! rien n'exiſte de tout cela, & c'eſt bien dommage, car c'étoit fort beau. Il n'y a point de ſauvages ſur le papier, qui, le tomowhac à la main, caſſe la tête à l'imprudent crayonneur, & lui enlève la chevelure. Un deſſinateur, bien payé, peut à ſon aiſe, dans ſon cabinet, tracer des lignes carrées, & placer par-ci par-là des villes toutes percées à angles droits. Mais un arpenteur n'eſt pas ſi téméraire dans le territoire occidental des

Etats-Unis. Au refte, cette rufe eft, me dit-on bien fouvent, pratiquée dans ce pays-ci. Les terres y font une marchandife que chacun pare à fa guife pour attirer les acheteurs. Je viens, mon cher R...., d'être témoin de deux faits qui te donneront une jufte idée de la défiance que tout homme doit apporter en Amérique dans les achats de terres qu'il n'a pas vues. J'étois à un encan public, où l'on vendoit des lots fitués feulement à quarante milles d'ici. Le propriétaire & fes amis étoient préfens & hauffoient l'enchère. Un bon allemand, nouveau venu, s'avifa de mettre quelques fous en fus, & vîte l'encanteur de crier *une fois, deux fois.* ——— Arrêtez, dit l'allemand ; je fuis meûnier : y a-t-il fur ce lot des emplacemens pour des moulins? ——— Oh ! oui, répond le propriétaire, j'en connois trois ou quatre. ——— A la bonne heure. ——— L'encanteur frappe auffi-tôt fon coup, *trois fois, adjugé.* ——— Il n'y a qu'un léger inconvénient, continue alors le propriétaire, c'eft que l'eau manque. ——— Tout le cercle fe met à rire ; mais feul, la larme à l'œil, je penfe à mes pauvres compagnons de voyage, & je me retire. L'autre fait, mon cher R..., te fera faire une application plus frappante. J'allai à la cour des plaids communs. L'avocat, qui parloit quand j'entrai, étoit en caufe pour un arpenteur contre un propriétaire de terres en friches fur la Monongahela ; il expofoit « que fa » partie adverfe, après avoir fait arpenter une

» patente de vingt mille arpens, avoit réfléchi
» qu'il vendroit beaucoup mieux ſes lots en détail,
» s'il plaçoit ſur ſa conceſſion une ville dans laquelle
» il offriroit *gratis* un emplacement de cinquante
» pieds de large ſur cent de long, pour maiſon &
» jardin à chaque acquéreur de deux cents arpens
» dans la patente; mais que, voulant éviter les frais
» conſidérables d'un tracé auſſi laborieux ſur le
» terrein, il avoit renvoyé *la carte* de ſes terres à
» l'arpenteur, avec prière d'y gliſſer une ville d'un
» mille de long, n'importe où, & d'en marquer
» bien proprement toutes les diviſions, meſures en
» pieds & numéros. Il lui promettoit de le payer
» en terres pour l'arpentage réel de la patente & le
» ſuppoſé de la ville. Cette ville fut faite à ſou-
» hait ſur *la diſcrète carte*; le plan en étoit char-
» mant, & le propriétaire aujourd'hui refuſe le
» ſalaire promis.» L'avocat de celui-ci prouvoit qu'il
avoit fait offre réelle, à l'arpenteur de pluſieurs
numéros d'emplacement dans ſa ville; il en faiſoit
monter le prix très-haut, attendu la grande diffé-
rence entre la valeur du terrein des campagnes &
celui des villes, & renouvelloit l'offre devant la
cour, au grand divertiſſement de toute l'audience.
Mais laiſſons ce procès ridicule. La compagnie du
Scioto nous montre, ſur ſa carte, des rangées de
municipalités, pouſſées ſans façon juſqu'à la vingt-
huitième. La vérité ſacrée eſt qu'il n'y en a aucune
de faite ſur le terrein, & bien hardi qui iroit l'eſ-

fayer. Cela me rappelle l'arrangement pris dans le conseil des rats de la Fontaine :

« La difficulté fut d'attacher le grelot.
« L'un dit, je n'y vais pas, je ne fuis pas fi fot ;
» L'autre, je ne faurois . . . . »

Comme il eft naturel que des gens qui confentent à s'expatrier fi loin penfent aux moyens de vivre, le *profpectus* nous a dit, en toute confiance, *qu'on trouvoit fur les lieux, fans débourfer, tous les matériaux propres à bâtir des fours, ainfi que le bois de chauffage.* Je comprens l'énigme aujourd'hui ; il n'y a pas mal de pierres qu'il nous faudra d'abord enlever de nos champs pour les enfemencer ; ainfi, loin d'avoir *à débourfer* pour en acheter, nous ferons les maîtres *de débourfer* pour nous en défaire. Quant au bois de chauffage, on en trouve fans doute, *fans débourfer*, dans un pays qui en eft couvert, & où il faut *éclaircir*, à grands coups de hache, chaque arpent qu'on veut mettre en valeur. Tant s'en faut que ces bois puiffent être vendus, qu'un pauvre propriétaire a une vingtaine de francs à dépenfer par arpent avant d'en avoir fait enlever arbres, fouches & buiffons.

La compagnie de l'Ohio, ajoute-t-on, notre bonne voifine, *nous prêtera fes fours en attendant.* Quelle charmante perfpective pour manger du pain frais, qui nous viendra de 220 milles feulement, fi toutefois les fauvages ont la complaifance de fe prêter à cet acte de charité !

Le *profpectus* ne fait pas s'arrêter en fi beau chemin. Il nous dit que notre établiffement au Scioto va nous mettre à même de fournir de bled notre chère patrie, & de détruire les fpéculations des accapareurs; il nous dit qu'il y a des fources falines fur les lieux, & que nous pourrons approvifionner la marine de France de falaifons ; il nous dit que la compagnie, pour éviter que nous ne foyons trompés dans la vente de nos denrées, s'en chargera par bonté d'ame. Nos conventions avec meffieurs de la rue neuve des Petits-Champs, nº. 162, ajoutent que la compagnie s'engage à nous prêter *gratis* fes bâtimens pour l'exportation de nos denrées pendant trois ans. A ce tas d'impertinences, je réponds, mon cher R..., par quelques petits faits.

1º. La compagnie n'a pas un feul bâtiment, fi ce n'eft quelques canots fauvages.

2º. Les débouchés manquent abfolument à tout ce qui croît fur l'Ohio, dont les Efpagnols ont la clef à la Nouvelle-Orléans.

3º. Il y a 2152 miles, c'eft-à-dire plus de 720 lieues du fort Pitt à l'embouchure du Miffiffipy, qui eft le feul canal par où nos denrées peuvent aboutir à la Nouvelle-Orléans.

4º. Dans cette longue navigation, il y a un peu à confidérer le chapitre des Sauvages.

5°. Les Efpagnols ne reçoivent à la Nouvelle-Orléans, qu'à vil prix & avec de gros droits d'entrée, tout ce qui vient de la partie Américaine.

6°. Il n'y a point, dans cet entrepôt, de bâtimens fuffifans pour exporter les denrées de l'Oueft, & la cour d'Efpagne ne permet, ni aux Anglais, ni aux Américains, ni à qui que ce foit, d'envoyer des bâtimens prendre charge à la Nouvelle-Orléans.

7°. Toute marchandife d'encombrement, un quintal de fucre, par exemple, qui remontera le Miffiffipy jufqu'au Scioto, coûtera, à chacun de nous, trois fois le prix d'achat, lorfque nous ne vendrons les fruits de notre travail que le quart tout au plus de leur vraie valeur.

8°. Si notre chère patrie compte fur nos bleds dans des temps de détreffe, elle mourra de faim, avant que nous puiffions la fecourir, malgré le défir que nous en a donné le *profpectus.*

9°. Si la marine françaife attend nos falaifons pour mettre en mer, les Anglais peuvent infulter le royaume impunément. Et fuppofons que nous ayons abondance de fel & de beftiaux dans une vingtaine d'années, & que nous faffions quelques cent milliers de barils de falaifons, & que nous puiffions les envoyer à la Nouvelle-Orléans, qui nous garantit que la marine efpagnole en fera les honneurs à la marine françaife ?

10°. Le territoire occidental des Etats-Unis ne reffemble pas mal au pays d'Eldorado, dont parle

Voltaire, où l'on entre avec le courant, mais d'où rien ne peut fortir que par des efforts incroyables de mécanifme. Il eft à-peu-près démontré que, pour jouir de la feule ouverture que la nature y a ménagée, il faut de deux chofes l'une, ou forcer l'Efpagne de nous céder le paffage de la Nouvelle-Orléans, ou nous arranger avec elle, & nous démembrer des Etats - Unis. Dans les deux eas, il faudra verfer du fang.

Le *profpectus* nous parle des grandes récoltes que nous allons faire dans un pays fertile, fous un climat fain ; du plaifir que nous aurons à nous étendre à notre aife dans les municipalités imaginaires que nous avons acquifes, femblables aux fils de Noé, après le déluge univerfel ; du nombre incalculable d'arpens que nous allons défricher dans le cours de trois ans ; des fortunes *honnêtes* (le mot eft modefte pour des recruteurs) que nous fommes deftinés à faire. Hélas !

« *Quos Deus vult perdere, prius mente capit.* »

« Dieu, de ceux qu'il veut perdre, aveugle la raifon. »

c'eft pour leurs péchés qu'il a permis que de crédules habitans de Paris priffent ce roman à la lettre. Je dois te dire, en confcience, que les Sauvages font plus cruels & plus remuans que jamais. Ils voyent que tous les traités que l'on fait avec eux aboutiffent à leur enlever la terre où ils font nés, & où les os de leurs pères repofent ; que de porte en porte ils font chaffés en grande partie des bords de l'Océan à ceux de l'Ohio ; que le fort des nations déjà détruites attend celles qui difputent encore leurs propriétés. Ils font devenus éclairés par le malheur ; ils fe font confédérés ; ils défendent pied à pied les terres de l'Oueft ; ils fe répandent en petits pelotons fur les bords de l'Ohio ; ils interceptent tous les bateaux qui defcendent féparément & fans précautions ; ils coupent tous les partis qui s'expofent fur les rives du fleuve ou dans les déferts qu'il faut traverfer pour y arriver par terre des Etats habités ; ils fe cachent dans les brouffailles, derrière les joncs, derrière les arbres ; &, adroits tireurs, tuent, fans coup férir, tout imprudent qui s'écarte. Les gazettes américaines font remplies de ces horribles détails. Le Congrès vient d'être obligé d'ordonner que le corps de huit cents hommes, qu'il tient fur la lifière de fon territoire occidental, fera porté à douze cents, pour mieux occuper, fi la chofe eft poffible fur une frontière de quinze cents milles, les paffages par lefquels les Sauvages fe glifferoient dans les anciens Etats. On lit même, dans tous les papiers publics du jour, que le gouverneur du territoire occidental a été maffacré avec fa garde fur l'Ohio, où il reffembloit affez à Robinfon-Crufoë dans fon ifle déferte. Il y a un grand contrafte entre ces faits & l'efpérance d'aller occuper paifiblement nos terres. Loin de nous répandre dans nos municipalités & d'y pouffer vigoureuſement nos cultures , nous ſeront trop heureux d'arriver avec nos chevelures à l'embouchure du Scioto , de nous y reſſerrer dans un petit coin , que nous entourerons de redoutes , comme font , depuis 1787 , les colons du Muskingum , où , malgré l'avantage d'être en face du fort Harmar , bien muni d'artillerie & quartier général des troupes du Congrès , ils n'oſent encore enſemencer qu'à deux lieues de diſtance ſur les bords de l'Ohio , & à trois ſur ceux du Muskingum (toujours l'oreille aux aguets) , & là , une bêche à la main & le fuſil ſur l'épaule , de planter quelques légumes , non dans nos champs tant vantés , mais dans de petits jardins que nous nous partagerons proviſorement dans l'eſpace d'une demi-lieue tout au plus. Et quand ces difficultés ſeront vaincues , quand , fortifiés par ceux de nos frères , que la compagnie aura fait débaucher dans tous les coins du royaume , nous pourrons chaſſer les Sauvages & prendre poſſeſſion de nos terres, quelle fortune , bon Dieu ! pouvons-nous eſpérer ? Nous recueillerons le néceſſaire , nous vivrons ; c'eſt tout , abſolument tout. Les fortunes ne ſe font pas dans les Etats-Unis par ceux qui poſsèdent deux ou trois cents arpens, mais par les capitaliſtes , qui en accaparent dix à vingt mille , & revendent en détail à la claſſe des induſtrieux émigrans. Ce n'eſt pas aſſez d'ailleurs de recueillir , il faut vendre pour ſubvenir à mille faux frais , au beſoin de linge , habits , bas , ſouliers ,

ſucre ,

ſucre, vin, &c. &c. Il faut donc trouver un marché,
un débouché ; & je t'ai fait voir que de toutes nos
difficultés, celle-là peut-être eſt la plus invincible.
Quant à l'oppoſition des Sauvages, me diras-tu, il
y a bon remède ; la compagnie du Scioto a vendu
à une foule d'honnêtes français, qui ércient de bonne
foi, elle doit leur donner poſſeſſion. — C'eſt parler
en avocat de Paris. J'ai conſulté ici ſur cette queſtion, & on m'a répondu que lorſque le vendeur ne
s'oppoſoit point lui-même à la poſſeſſion, c'eſt à
l'acquéreur à y parvenir comme il peut. L'affaire
de la compagnie eſt de nous faire conduire au Scioto,
à nos frais s'entend ; la nôtre eſt de nous y main-
tenir de notre mieux. Nous aurons peut-être le
plaiſir, pour nos ſix francs par arpent, d'y enterrer
quelques Sauvages, ſi nous ne ſommes pas pré-
venus. La compagnie fait comme certains papes
qui donnoient bien des couronnes ; mais laiſſons
au nouvel inveſti le ſoin d'en chaſſer le légitime
poſſeſſeur.

Tu vas me demander actuellement, mon cher
R..., ce que nous allons devenir plus immédiatement. Je t'ai écrit d'abondance tout ce que j'ai
découvert ; les détails ſuivans feront plus métho-
diques.

La diviſion d'Emigrans, dont je ſuis, eſt ſous la
conduite de M. Boulogne, jeune négociant de
Paris, doux, aimable, inſtruit, & parlant anglais
mieux que moi ; je crois que tu l'as connu dans

l'affaire de . . . .
. . . . quoi qu'il en foit, il a été
joint à Newyork par un vieux & refpectable ma-
giftrat Alfacien, appellé M. de Barthe, fi je ne
me trompe, qui eft arrivé à Alexandrie, en Vir-
ginie, avec deux cents émigrans français, fur le
navire le Patriote, capitaine de Grafs, parti du
Hâvre, peu après nous. Ces deux meffieurs font
acquéreurs comme nous tous, & en outre engagés,
envers la compagnie du Scioto, à prendre foin des
autres acquéreurs mis fous leurs aufpices. Le pre-
mier voit bien actuellement que nous avons été
trompés ; mais, lié par l'honneur, plein de pitié
pour des compatriotes à qui il fera infiniment utile,
il eft déterminé à perféverer jufqu'au bout. Le fe-
cond eft, malgré fon grand âge, zélé partifan d'une
entreprife dont la fatigue feule peut le faire fuc-
comber. Il a promis à M. le comte de Laly-Tollendal,
à M. le marquis de Marnezia, à M. Defprémefnil,
à M. Mounier, & à huit autres membres de l'af-
femblée nationale, qui, tous féduits comme lui par
le *profpectus* de la compagnie, ont acheté entr'eux
quarante-huit mille arpens des terres du Scioto,
d'aller, avec fon monde, occuper fon acquifition.
Il n'entend pas l'anglais, & eft fingulièrement pré-
venu par la lecture d'ouvrages romanefques fur les
Etats-Unis. Il ne parle que de faire venir fes fils,
gendres, neveux, nièces & parens, tous gens
confidérables qui entraîneront avec eux une foule

d'émigrans. Il dit qu'il eſt ſûr de deux ou trois mille hommes , & que tous les obſtacles céderont à la force des moyens. M. Boulogne & lui ſe ſont concertés, & ont conféré ici avec les principaux intéreſſés de la compagnie du Scioto, qui ſont enchantés de trouver dans eux , quoique ſur des principes différens , la même réſolution. Ces intéreſſés ont ſenti que leur affaire pourroit manquer s'ils ne faiſoient par des efforts pour prévenir les accidens & les murmures. Il a été convenu qu'on enverra, ſous eſcorté , une cinquantaine de coupeurs de bois de la Nouvelle - Angleterre , éclaircir , s'ils peuvent, quelques centaines d'arpens à l'embouchure du Scioto , & qu'on eſſayera d'amuſer les Sauvages par des paroles de paix & des préſens. On fera paſſer la diviſion de M. Boulogne à Alexandrie , ſur la rivière de Potoumac à environ deux cents ſoixante-dix milles d'Amboy. Elle s'y réunira à celle qui y eſt , & aux nouveaux émigrans qui y ſont attendus. Nous remonterons enſuite le Potoumac juſqu'au fort Cumberland, navigation pénible & longue, ſouvent interrompue par des chutes d'eau, & d'environ cent quatre-vingt milles. Nous aurons là un voyage par terre d'à-peu-près quarante milles , à travers les arrêtes des monts Allegany, & par des chemins horribles, juſqu'à la rivière Youghiogeny, d'où nous nous rendrons au fort Pitt , environ cinquante milles plus loin. C'eſt là que nous ferons nos pro-

visions : car c'est une plaisanterie que de parler
des ressources de l'établissement de Muskingum
ou nous porterions la famine ; & réunis en force
sur des bateaux plats , assez nombreux pour espé-
rer de n'être pas inquietés par les sauvages , nous
ferons quatre cents milles sur l'Ohio , jusqu'à notre
destination finale. Nous serons débarqués au Scioto
sur la pointe de terre fermée par le confluent
des deux rivières , après un voyage de neuf cents
quarante milles à travers le continent américain
pour la division dont je suis. On nous assure que
cette pointe sera déjà occupée par un petit dé-
tachement , & les cinquante travailleurs. Nous
nous tiendrons en corps , nous éléverons des
redoutes , nous nous partagerons en gardes , nous
placerons des post es d'observations , nous ferons
des cabanes d'écorce & de branches d'arbres , nous
formerons un petit village , & la providence seule
sait qu'elle sera la suite de notre histoire ! A en
juger par les annales américaines , il doit résulter
de notre dévouement un établissement qui devien-
dra le noyau d'une colonie considérable. Mais les
premiers venus ne sont pas ceux qui jouissent.
Nous ferons le lit , d'autre se coucheront. Nous ne
ressemblons pas mal à ces enfans perdus qu'on mettoit
autrefois au point le plus meurtrier d'une attaque.
Puissions-snous n'avoir à souffrir que de la mauvaise

nouriture, des intempéries de l'air & de la fatigue!
Puiffions-nous ne pas éprouver le fort de tant de
milliers de françois, facrifiés dans le temps de
la compagnie du Miffiffipy, fur les rivages de la
Louiziane! Que je plains fur-tout nos femmes,
nos filles, pauvres créatures que nous enlevons
du paradis de l'europe, pour les mener partager
dans les bois d'Amérique, nos allarmes & nos
privations!

Au refte, les intéreffés de la compagnie du Scioto,
qui viennent nous voir fouvent, nous careffent
beaucoup. Nous allons peupler leur conceffion, &
peut-être y périr; nous allons, à coup fûr, faire
leur fortune & non la nôtre; cela vaut bien quel-
qués complimens. Ils n'ont pas le front d'airain des
auteurs du profpectus; ils n'ont garde de nous
en parler. Ils femblent fe douter que les plus clair-
voyans d'entre nous foupçonnent la fraude; ils
nous avouent qu'ils craignent que nous n'ayons
vu que le beau côté de la médaille; ils nous en-
couragent à être *des hommes*; ils nous préparent
infenfiblement aux difficultés que nous rencon-
trerons, & nous font déja entendre qu'il ne tient
qu'à nous d'améliorer notre fort, en invitant tous
nos amis à venir nous joindre, en leur écrivant
du bien du pays, & leur faifant (fuivant l'ufage
américain) de belles défcriptions des jouiffances

que nous aurons eues le moins. Je prévois d'avance
que nos lettres feront interceptées. Celles-là feules
pafferont, donc les lâches auteurs fe prêteront à
des menfonges intéreffés ; & je l'avoue en gémif-
fant, j'ai entendu déjà , dans ma dernière courfe à
Amboy, plufieurs de mes camarades, fe dire l'un à
l'autre, » nous fommes dupes, dupons à notre tour ;
» plus nous ferons de monde , plutôt nos allarmes
» cefferont : tant pis pour les victimes. » Ceux
d'entre nous qui ont amenés des ouvriers engagés
pour trois ans, éprouvent, dès ce moment, une
détreffe particulière. Ces malheureux , dont nous
avons payé le paffage, que nous logeons , nou-
riffons & habillons, commencent à faire les in-
folens , parlent de nous quitter à la moindre
chofe que nous leur refufons, & difent qu'ils
peuvent travailler pour leur compte, & que ce
n'eft pas la peine de rifquer leur vie pour les
cinquante arpens que nous leurs avons promis,
au bout de trois ans. Il eft incroyable comme la
vérité perce vîte ! à peine favent-ils quelques mots
d'anglois, & ils comprennent déjà que fi nous avons
befoin d'eux, ils n'ont pas de befoin de nous. Ils
voient de leurs propres yeux , que des milliers
de gens de journées peuvent gagner vingt fois
plus dans les campagnes qui bordent toute la
plage habitée des états-unis, fur une profondeur
de 200 à 250 milles. Ils ont découvert, je ne fais

comment, qu'on les mène bien loin, bien loin des rivages de la mer. Cependant, comme ils font engagés par écrit, nous efpérons qu'on fera bien aller ceux qui voudroient nous quitter, & une fois rendus au Scioto, la peur des fauvages les retiendra au moins quelque temps.

Décide toi-même, actuellement, mon cher R... fi tu dois fuivre mon exemple; crois, fi tu l'ofes, tout ce qu'on a eu l'impudence de publier fur le Scioto, & tout ce qu'on ne manquera pas de publier encore. Il eft fi évident que notre fureté dépend du grand nombre de recrues qu'on fera, qu'il faut t'attendre à voir multiplier les illufions dans Paris & tout le royaume. Sois fur tes gardes, je t'en conjure, & ne laiffe tromper aucun de nos amis. Si la rage d'émigrer te poffède encore, au moins par pitié pour ta femme, tes enfans, pour toi-même, ne figne rien à Paris! ne t'engage avec aucune de ces compagnies de terres dans la lune! avec ton argent dans ta poche, tu trouveras, depuis Bofton jufqu'à Philadelphie, au milieu des états maritimes, des terres à choifir en quantité, ou encore en friche, fi tu veux gagner toi-même les frais d'exploitation, & ne facrifier à l'achat que peu d'argent, ou toutes cultivées & bâties, fi tu veux jouir immédiatement. Il n'y a pas de numéraire dans des établiffemens nouveaux,

fi enfoncés dans la profondeur du continent américain ; tous les achats s'y font par troc. Mais
dans les anciens états, rien ne t'empêcheroit de
revendre tes acquifitions, lorfque tu y verrois un
profit raifonnable, pour revenir dans notre patrie.
N'eft-ce pas-là le but de tout françois? Et dans
quel temps la France a-t-elle pû être plus chère
à fes habitants? Eft-ce donc lorqu'elle eft prête
à s'élever au plus hautes profpérités, que nous
devons l'abjurer pour jamais? n'allons-nous pas
trouver dans nos foyers tous les avantages des
gouvernemens les plus libres, réunis à la fécon-
dité de la terre, à l'induftrie nationale, à la beauté
du climat, à l'excellence des arts, à la douceur
de la fociété, à la perfection de tout ce qui rend
la vie défirable? Les étrangers accourent chez nous
partager nos jouiffances, & nous fuirions chez-eux!
Ah, mes chers compatriotes, que vous êtes encore
inconféquens! vous dites que la révolution a changé
votre caractère, que vous êtes devenus des êtres
penfans! oui ; mais le petit bout d'oreille paroît
encore. —— Je m'arrête, mon cher R...... les
réflexions me viennent en foule, & il eft cruel
pour moi de penfer qu'il eft trop tard. La fotife
eft faite. Il ne me refte plus que la confolation de
te dire combien je m'en repens, & j'ai acquis
bien chèrement les avis que je te donne.

(25)

Enfin, ma parole eſt dégagée; tu viens de voir
en moi l'honnête homme; mais défie-toi actuellement de moi-même. Je ſens que je ſuis foible &
intéreſſé comme les autres hommes; je me ſurprens
quelquefois à déſirer que la compagnie réuſſiſſe à
attirer beaucoup de mes compatriotes ſur le Scioto---
pourvu que je n'en connoiſſe aucun!

Auſſi-tôt les couches de ma femme finies, je
pars avec ma famille pour Alexandrie, où, tout
calcul fait avec nos chefs, je vois que j'ai le
temps de me rendre avant la marche des diviſions
réunis ſur le Potoumac; ma femme te prie de. .
. . . . ſi, nos troubles finis,
mon aſſocié parvient à faire rentrer ce qui nous
eſt dû, il me reſtera de quoi vivre doucement
près des parens de ma mère, ſans regretter les
10,000 liv. que je viens de perdre ſur le *recovery*, & 4 à 5 mille livres qu'il pourra m'en coûter
pour repaſſer en france; je reviendrai vivre en
ſage, & tous les proſpectus du monde ne me
feront plus monter à la tête des fumées d'ambition.
Je dirai de bon cœur aux enrolleurs :

» Vous voulez de l'argent, Meſſieurs du Scioto,
 » Adreſſez vous, je vous prie, à quelqu'autre;
 » Ma foi vous n'aurez pas le nôtre.

Du 29 Mai.

POST-SCRIPTUM.

Je reviens d'Amboy, mon cher R.... & je suis enchanté que mon paquet ne parte que cette après-dînée. J'ai à y ajouter que j'ai trouvé une grande fermentation parmi mes compagnons d'infortunes. On les arme, on leur donne des sabres, des fusils, non de la poudre à chasser, mais de la poudre de munition, non du petit plomb, mais des bales, & on les leur fait payer. Ils demandent ce que cela veut dire, si c'est là l'accoutrement du pays pour aller *chasser & pêcher*, *après qu'ils auront égratigné la surface de la terre*, *& qu'ils laisseront faire la nature*, suivant les arrangemens pris avec eux à Paris, rue neuve des petits-champs, n°. 162? Ils se plaignent que notre chef de division est gagné par les carresses des actionnaires de la compagnie, & qu'à leur instigation, il fait des histoires dont personne ne peut plus être la dupe. Ils ont envoyé une députation à Newyork, pour voir s'ils peuvent obtenir protection du Congrès. Mais qu'est-ce que le Congrès peut à tout cela? Ils parlent tous de revenir en france, mais ils n'ont pas d'argent pour payer leur passage! —— ils parlent de se disperser, & peu

d'entre eux ont un métier qu'ils puiffent exercer
en Amérique! qu'y feroient, en effet, un mar-
chand épicier qui n'a pas de fonds, un orfêvre,
un apothicaire, un commis, un procureur, un
fabriquant de gazes, un ouvrier fculpteur? paffe
encore un charpentier, s'il parloit la langue! dieu
fait ce qu'ils feront. Ils proteftent qu'ils n'iront
pas au Scioto, que la compagnie n'en ait chaffé
tous les fauvages *à deux cents foixante-dix mille
à la ronde*, felon fes promeffes, en cas qu'ils ne
fe *retirent* quand on leur lira les engagemens de
la rue neuve des petits-champs. Mais encore une
fois, que faire ? Il faudra marcher, par misère.
Pour moi, mon chèr R..... j'ai encore un peu
d'argent ; ma femme fe jette à mes pieds, & je
promets de refter à Newyork jufqu'au dénoue-
ment de tout ceci. Ainfi tu peux m'y écrire à
l'adreffe de.........

An lieu de faire paffer les émigrans au Scioto
par le Fort Pitt , on parle de les faire aller par
terre, du Potoumac à l'embouchure de la grande
Canhawa fur l'Ohio , vis-à-vis les terres de la
compagnie, voyage affreux, à travers des déferts,
des montagnes , des bois ! Je n'en fuis pas.
Adieu !

www.ingramcontent.com/pod-product-compliance
Ingram Content Group UK Ltd.
Pitfield, Milton Keynes, MK11 3LW, UK
UKHW021205140726
13695UKWH00005B/2354